Wolfgang Jean Costanza

Millionnaire par la Bourse

Les trois meilleures stratégies

Éditeur:
Books on Demand
12-14 rond point des Champs Elysées
Paris, France
ISBN 9782322104062
© 2018 Wolfgang Jean Costanza
Dépôt légal : février 2018
Tous droits réservés pour tous les pays.
Frontispice : Fondation Ephrussi
de Rothschild, St-Jean-Cap Ferrat
Photo: Wolfgang Jean Costanza

Table des matières

Les meilleurs spéculateurs en Bourse   5

Le plus grand krach boursier   10

Le filet de sécurité du spéculateur sage   14

Les bases du marché boursier   20

Les trois meilleures stratégies   26

Les erreurs les plus courantes des actionnaires   33

Les meilleurs spéculateurs en Bourse

Chère amie,

dans votre lettre vous m'avez demandé quels arguments parlent pour la Bourse. Au début j'écris ce qui parle contre elle:
La Bourse a un article féminin dans toutes les langues. C'est une dame très capricieuse et totalement imprévisible. Parfois elle est de bonne humeur, ce que les courtiers appellent 'une hausse', parfois elle est très en détresse, ce que les courtiers appellent 'une baisse'. Elle est fortement influencée par les évènements politiques, même s'ils se produisent à l'autre coté de la planète. Elle est toujours curieuse au sujet des nouvelles positives et négatives auxquelles elle réagit avec les prix à la hausse et à la baisse.
Si vous voulez faire des affaires avec cette dame capricieuse vous bénéficiez d'un avantage en tant que femme. Les statistiques montrent que les femmes en Bourse ont en moyenne plus de succès que les hommes parce que les femmes préfèrent des investissements avec peu de risque et les hommes une spéculation risquée.
Au lieu de vous ennuyer avec un traité sur les méthodes de spéculation boursière, je préfère vous raconter l'histoire de succès des deux meilleurs spéculateurs en Bourse:

Benjamin Graham est né à Londres en 1894. Sa famille a émigré à New York. À l'âge de 20 ans, Benjamin a commencé sa carrière à Wall Street, où il a écrit pour 12 dollars par semaine les cotations boursières sur un tableau noir. A l'âge de 25 ans, il avait déjà un revenu annuel de 600 000 dollars. En 1934 il a déclaré sa nouvelle stratégie d'investissement dans son bestseller *'Security Analysis'*. Compte tenu de cette stratégie il investit en 1948 un quart de ses actifs dans la compagnie d'assurance *'Geico'*. Au cours des huit prochaines années cet investissement a rapporté un bénéfice de 1635 % ! Pendant 30 ans, il a réalisé un bénéfice de 17 % par an avec sa stratégie. 10 000 dollars sont devenus 1 110 000 dollars. De 1928 à 1957, il a enseigné à l'université *'Columbia'*. Il y avait seulement un étudiant à qui il a donné le plus haut grade A + : **Warren Buffet**. Celui-ci a acheté les trois premières actions à l'âge de 11 ans. A partir de 1954 il a spéculé dans la société d'investissement de son professeur *Benjamin Graham*. Quand celui-ci a terminé son travail dans l'entreprise, Warren Buffet a recueilli 105 000 dollars de sa parenté et a fondé sa propre société d'investissement. Entre 1956 et 1969 le taux de rendement moyen était de 29,5 % par an. 10 000 dollars sont devenus 150 000 dollars. Les membres de la parenté de *Warren Buffett* devinrent multimillionnaires et, en 1998, ceux qui avaient investi 10 000 dollar en 1956

possédaient une belle somme de 150 millions de dollar.
Warren Buffett a acquis 75 milliards de dollar en spéculation boursière. Les actions de sa société d'investissement *'Berkshire Hathaway'* coutent actuellement 300 000 dollar par action et sont les actions les plus chères du monde. *Warren Buffet* utilise uniquement le téléphone pour ses spéculations boursières. Il n'utilise pas le PC parce qu'il n'a aucun intérêt pour les cours actuels:

« Je pourrais aussi être quelque part où la poste arrive trois semaines en retard et investir à merveille. »

Contrairement à d'autres spéculateurs célèbres, *Warren Buffet* ne cache pas ses achats de titres. Ils sont publiés et commentés par lui. En conséquence, il est devenu un gourou pour des millions d'investisseurs en Amérique. Ceux-ci répètent ses achats d'actions. Cela augmente le prix de ces actions. *Warren Buffet* n'a pas une bonne opinion des professionnels de Wall Street:

« Wall Street est le seul endroit où les gens viennent en Rolls-Royce pour obtenir des conseils des gens qui viennent en métro. »

Buffet est l'un des 5 hommes les plus riches du monde avec 75 milliards de dollar de richesse privée. Cependant, il vit toujours dans la même maison à Omaha, qu'il a acheté en 1958 pour 31 000 USD. En tant que milliardaire frugal, il a acheté son avion privé à un prix avantageux. Il conduit une voiture de classe moyenne et seulement une fois par semaine se régale d'un bon repas au *steakhouse*.

Dans une interview avec le magazine américain '*Fortune*' il a annoncé la décision suivante le 25 juin 2006: Il donnera 85 % de sa fortune à des organisations caritatives et à la recherche médicale, 30 milliards à la fondation de son ami *Bill Gates*.

Pourquoi vous ai-je raconté cette histoire à succès? Elle illustre mieux qu'un séminaire boursier: La méthode la plus efficace de la spéculation boursière est de poursuivre patiemment une bonne stratégie.

Maintenant je dois corriger l'image négative que j'ai dessinée du marché boursier. La Bourse n'est pas seulement une dame capricieuse mais aussi une grande bienfaitrice, comme le prouve l'histoire de *Warren Buffet*. Quatre vingt cinq pour cent de 75 milliards de dollar seront utilisé pour des organisations caritatives et la recherche médicale au cours des prochaines années.

Peut être que cette lettre vous a donné envie de devenir millionnaire philanthrope après le modèle de *Warren Buffet*. Dans une autre lettre, je vais vous donner plus d'informations sur la stratégie de *Warren Buffet*.

Afin de vous faire prendre conscience que vous êtes dans la meilleure compagnie en tant que spéculatrice je vous présente quelques spéculateurs éminents:

Le philosophe romain *Cicéron* acquit par la spéculation immobilière une fortune considérable. Il est venu à deux conclusions qui ont jusqu'à aujourd'hui conservé leur validité. L'argent est la base de la république et la spéculation est le tremplin vers une grande fortune.

L'écrivain *Voltaire*, un spéculateur passionné, a acheté à prête-noms tous les billets de loterie de la loterie nationale française. Il avait calculé que la somme de gains de loterie était considérablement plus grande que le prix total pour l'achat de tous les billets de loterie. Il était très riche de ce coup, le directeur de loterie a été licencié sans préavis.

D'autres spéculateurs célèbres: le peintre *Gauguin*, les écrivains *Balzac* et *Beaumarchais* et l'économiste anglais *Lord Keynes*. Sous son portrait, le gouvernement britannique a écrit le texte suivant:

'*John Maynard Lord Keynes*, qui a réussi à faire fortune sans travailler.'

Puisque je pars en tournée en Californie, vous ne pouvez pas me joindre dans les quatre prochaines semaines.

Le plus grand krach

Cher ami,

pendant votre voyage en Californie, j'ai lu un livre sur le plus grand krach. Il est devenu clair pour moi: La Bourse n'est pas seulement cette dame bienveillante, que vous m'avez présentée. Elle a deux visages: un aimable qu'elle a montré à *Benjamin Graham* et *Warren Buffet* et un peu aimable, qu'elle a montré à beaucoup de courtiers. L'un d'eux a écrit:
'Sur le marché boursier, vous pouvez faire une petite fortune en investissant une grosse fortune.'
La Bourse a détruit à plusieurs reprises des montants gigantesques d'argent. En 1929, *Wall Street* a causé la plus grande débâcle financière de l'histoire. Avant 1929, le monde a connu le plus grand boom boursier de tous les temps. La fièvre spéculative a infecté toutes les couches sociales. Le tuyau boursier chaud était plus convoité que l'alcool interdit par la prohibition. Les chauffeurs n'écoutaient que d'une oreille à la circulation, avec l'autre ils essayaient d'attraper un tuyau boursier de leurs passagers. Le valet de chambre d'un courtier a gagné un quart de million avec le tuyau boursier de son maitre. Le tuyau boursier d'un patient reconnaissant a offert 30 000 dollars à une infirmière. Les femmes ont exhorté leurs hommes à se dépêcher

afin qu'ils ne soient pas en retard dans la course à la richesse.

Une actrice a orné son appartement avec des graphiques de la hausse des cours des actions: General Electric a augmenté de 300 % en un an, Radio Corporation environ 400 %. Dans les journaux, les cours de la Bourse venaient en premier.

J. Raskop, directeur de *General Motors*, a écrit dans le '*Ladies Home Journal*':

'Puisque le revenu peut effectivement être augmenté de cette manière, je crois fermement que non seulement tout le monde peut devenir riche, mais que tout le monde doit s'y engager.'

God's own country a été frappé par l'illusion que l'abolition de la pauvreté est imminente et qu'une nouvelle ère de 'prospérité éternelle' commence.

Le 24 octobre 1929, le soi-disant **Vendredi noir**, a commencé la plus grande débâcle financière de l'histoire. L'ensemble du drame est illustré par la performance de l'indice *Dow Jones*. Lors de la première cotation en 1896, l'indice a 41 points. Jusqu'en 1927 il s'élève à 100 points. En raison de la spéculation surchauffée, en partie financée par des emprunts bancaires, l'indice attend le plus haut niveau de 381 points en septembre 1929. Ces cours vertigineux sont bien au dessus de la valeur réelle des entreprises.

Irving Fisher, professeur à l'université *Yale*, déclare le

16 octobre:

'On disait que les actions ont atteint un sommet permanent.'

Dans les trois prochains jours, il y a un krach. L'indice *Dow Jones* perd 15 %. Le 23 octobre, l'indice chute à 300 points. Le jour suivant, le soi - disant **Vendredi noir**, la valeur totale de toutes les sociétés cotées à Wall Street baisse de 11 milliards de dollars. Lundi, l'indice chute à 260 points. Mardi, il perd encore 12 %. Le 15 novembre il tombe à 180 points. À l'été 1932, il a perdu un total de 89 % et tombe à 41 points qu'il possédait le premier jour de sa cotation.

Les cours des actions des grandes sociétés américaines sont en chute libre: General Motors de 73 à 8, Radio Corporation de 115 à 3 1/2, General Electric de 220 à 20.

Les statistiques reflètent le krach comme suit:

Plus de 123 000 spéculateurs réussis tenant une voiture de luxe ont dû changer pour le métro. À la suite de la débâcle financière, plus de 9000 banques ont fait faillite. La légende américaine du plongeur, qui devient millionnaire, a joué de plus en plus fréquemment dans la direction opposée. Des millions d'actionnaires en Europe et en Amérique sont devenu misérables, mais ont eu de grandes difficultés à trouver des gens riches pour mendier quelque chose.

Le comédien américain *Will Rogers* avait vendu

toutes les actions avant le crash. Le nombre croissant de suicides l'a inspiré au gag suivant:

« À New York, le portier de l'hôtel demande aux nouveaux arrivants:
Voulez-vous une pièce pour dormir ou pour sauter par la fenêtre ? »
Je me soucie beaucoup de bien dormir. Par conséquent, je ne peux pas décider de rejoindre le club des actionnaires, qui est en grande partie composé d'hommes prenant des risques.

Le filet de sécurité du spéculateur sage

Chère amie,

à mon retour de Californie, j'ai trouvé votre lettre, à la quelle je répondrai immédiatement.
La chute de l'indice *Dow Jones* entre 1929 et 1932 à la valeur de 1896 a ébranlé votre confiance dans le marché boursier. Je peux comprendre cela bien. Cependant, le développement de l'indice *Dow Jones* est une réussite: En 1954 il atteint à nouveau le niveau de 1929. En 1972 il brise le mur du son de 1000 points. En 1987, il gravit plus de 2000 points. En 1992, il a franchi l'obstacle de 3000 points, après quoi il monte en 2018 à 26 000 points. Bien que la hausse des cours ait été interrompue à plusieurs reprises par des baisses des cours, l'indice *Dow Jones* a fortement augmenté de 1896 à 2018. Le boom boursier et le crash boursier sont deux facettes de la même médaille.
Le spéculateur en Bourse *André Kostolany*:
  'Pas de krach qui ne soit précédé d'un boom et pas de boom qui ne se termine pas par un krach.'
Un courtier a dit:
  « Le marché boursier ne sonne pas avant l'effondrement des cours. »
Cependant, il ya un signal d'alarme avant la chute de la Bourse: le soi-disant *'marché boursier des ménagères'*. Cela signifie que des gens entrent dans la

spéculation boursière, qui n'ont aucune idée des actions. Le milliardaire américain *John Rockefeller* avait manifestement un sens aigu de ce signe d'avertissement. Il a vendu toutes les actions quelques semaines avant le *Vendredi noir*, comme un cireur de chaussures lui avait donné plusieurs tuyaux boursiers.

En raison de l'expérience du *Vendredi noir*, les bourses ont établi une nouvelle règle pour empêcher une vague de vente semblable à l'avalanche. En cas de pertes de cours extrêmes, la négociation sur les Bourses est suspendue. C'est grâce à cette stratégie, qu'aucun des chocs boursiers suivants n'a eu les mêmes conséquences que le *Vendredi noir*. Après le krach boursier de 1987, les courtiers de Francfort ont prouvé qu'ils n'avaient pas perdu leur humour. Ils ont écrit le texte suivant:

'Mes finances sont brisées.
Il y avait un crash boursier.
J'ai fait des dragons de mes actions
pour mes enfants.
Je suis allé avec eux au pré
où l'air souffle doucement.
Là, je pouvais voir mes actions
monter à nouveau.

Peut - être que je peux vous redonner la confiance perdue dans le marché boursier en vous présentant le triangle des rendements DAX de l'institut allemand des actions. Ce triangle des rendements prouve que s'il y a un écart important entre achat et vente, les actions de l'indice DAX ont toujours dégagé un bénéfice, par exemple de 1983 à 2006 un bénéfice annuel moyen de 10,7 %. Seulement des courts intervalles entre l'achat et la vente ont entrainé des pertes, par exemple entre 2002 et 2004 une perte annuelle moyenne de 6,2 %.Ce triangle est composé de 300 champs. Les champs bleus signifient des profits, les champs rouges signifient des pertes et les champs blancs signifient un rendement de 0 %. 87 % des champs montrent par la couleur bleue un bénéfice, seulement 10 % des champs montrent par la couleur rouge une perte. J'espère que le petit nombre des champs rouges vous redonnera confiance dans le marché boursier.

Vous pouvez comparer le spéculateur boursier avec un funambule. Quand il s'écrase, sa vie est sauvée par le filet de sécurité. Si le spéculateur était assez intelligent pour construire un filet de sécurité, sa fortune sera en grande partie récupérée en cas de crash boursier.

Le spéculateur *André Kostolany* estime qu'un courtier qui ne fait pas faillite au moins deux fois au cours de sa carrière n'est pas un véritable spéculateur. À mon avis, il est un mauvais spéculateur. Le bon spéculateur se protège par un filet de sécurité qui se compose des 7 règles suivantes:

1. N'investissez qu'une partie de vos actifs en actions. La part des actions est calculée selon la formule suivante:
Part en % = 100 moins âge. Un jeune de 25 ans ne devrait donc pas investir plus de 75 % d'actions. Pour une personne de 75 ans, la part ne peut être que de 25 %.
2. Achetez des actions uniquement avec de l'argent dont vous n'avez pas besoin sur une longue période de temps. Si vous avez besoin de l'argent investi en actions peu de temps après, vous devrez peut-être vendre les actions à perte.
3. Investissez votre argent dans diverses actions. Cela réduit le risque.
4. Investissez les gains en actions dans des titres à revenu fixe. Lorsque les gains en actions sont réinvestis dans des actions et s'il y a ensuite un crash boursier, la plus grande partie du gain est perdue. Lorsque les gains en actions sont investis dans des titres à revenu fixe, les bénéfices ne sont pas perdus. Il est difficile pour le spéculateur d'investir les bénéfices des actions dans des titres surs à faible taux d'intérêt. Pour cela *André Kostolany* écrit:
   'Ce n'est pas difficile de faire des profits, mais il est difficile de garder les profits.'
5. Réalisez les gains en actions. On doit toujours se souvenir: Le marché boursier n'est pas une rue à sens unique. Les bénéfices sur le cours sont de l'argent emprunté qui doit être remboursé lors de

la prochaine crise boursière. Si vous réalisez un profit en vendant plusieurs actions et en investissant dans des titres surs, le profit reste. Si le prix du marché boursier augmente après la vente partielle, l'investisseur est heureux car les actions du portefeuille augmentent. Si le prix du marché chute après la vente partielle, l'investisseur est satisfait parce qu'il a réalisé son bénéfice à temps.
6. N'achetez jamais d'actions avec l'aide de crédits bancaires. Dans un crash boursier, vous ne pouvez pas rembourser les crédits. La demande de la banque, cependant, continue. L'investisseur est endetté.
7. Gardez vos pertes minimes en vendant une action le plus rapidement possible en cas de baisse des prix. La règle suivante s'applique à la Bourse:
'Laisser les gains de prix aller, garder les pertes de prix faible'.
Vous avez besoin d'une augmentation de prix de 100 % pour compenser une perte de prix de 50 % !

Pour égayer mon séminaire boursier je vais vous raconter quelques anecdotes:
Madame *Pollak de Parnegg*, l'épouse d'un indistruel viennois anobli, était célèbre dans toute l'Autriche pour ses perles:
Elle envoie un télégramme à son fils:
   'Demain soirée. S'il te plait viens.'
Le fils télégraphe:

'Pas possible, couché dans le lit avec angine.'
Télégramme de la baronne:
'Donnez-lui 100 couronnes et renvoyez- la.'
Après la soirée la baronne dit à la *princesse d'Esterhazy* :
'Lors de ma prochaine soirée, j'aimerais offrir aux invités quelque chose de très spécial. Pourriez-vous me donner un indice, votre altesse?'
'Je ne dis qu'un mot: *Quatuor Rosé*. Vos invités seront enthousiasmés.'
Un mois plus tard, les deux femmes se rencontrent au *'Burgtheater'*. Madame *de Parnegg* à la princesse:
« Personne étrange ce monsieur *Quatuor rosé*. Bien que je l'ai engagé seul, il a amené trois autres personnes. »
Je dois à la musique une conclusion importante sur le marché boursier. Tout comme le succès d'un morceau de musique ne dépend que de quelques notes de la mélodie, le succès en Bourse repose sur quelques compétences de base.

Les bases du marché boursier

Chère amie,

je suis heureux que vous aimiez entrer dans la spéculation boursière à cause de ma dernière lettre. Cependant, vous devez d'abord apprendre les bases du marché boursier. Ensuite vous pouvez faire de gros bénéfices sur le marché boursier. Vous écrivez : 'Je n'ai pas d'idée des actions.' Selon une enquête, la moitié des Allemands sont dans cette vallée de l'ignorance. Par conséquent la part des actionnaires en Allemagne en 2016 était seulement 6 % (France 15 %, Suisse 20 %, Grande - Bretagne 23 %, Etats - Unis 25 %, Pays-Bas 30 %). Les Allemands ont une fortune de 5100 milliards d'euros en épargne. Mais seulement 6 % d'entre eux ont investi dans des actions. Cependant, les actions génèrent plus de profits à long terme que tout autre investissement. Le rendement moyen des actions au cours des 50 dernières années a été supérieur de 2 % au taux de rendement moyen des titres à revenu fixe. À court terme, cette différence de rendement a peu d'impact sur le profit. À long terme, l'influence sur le bénéfice est très élevée en raison des intérêts composés. Le montant final d'un investissement de 9 % dépasse l'investissement final de 7 % en 10 ans de 40 %, de 173 % en 20 ans et de 565 % en 30 ans.

Le marché boursier est un moteur important de l'économie. Les actionnaires qui donnent de l'argent et les entrepreneurs qui reçoivent de l'argent se trouvent ici. Les entrepreneurs augmentent leur capital en transformant l'entreprise en société par actions. Les actionnaires peuvent profiter des distributions de bénéfices des sociétés et de la hausse du cours des actions.

En achetant une action, l'investisseur devient copropriétaire de l'entreprise. Il participe au profit de l'entreprise, si le développement est bon et à la perte de l'entreprise, si le développement est mauvais.

Un **indice boursier** est composé d'un plus grand nombre d'actions. Les 40 plus grandes entreprises françaises forment l'indice boursier français **CAC 40**. Les 30 plus grandes sociétés anonymes allemandes forment l'indice boursier allemand **DAX**, les 30 plus grandes sociétés américaines l'indice **Dow-Jones**.

ETF (anglais : Exchange Traded Fund) est en France plus couramment désigné sous le terme de 'tracker indiciel'. Les 'trackers indiciels' sont des fonds qui répliquent la performance d'un indice boursier. Exemple: Un ETF basé sur l'indice CAC 40 représente aussi précisément que possible le cours de cet indice. Le tracker vaut un dixième ou un centième de la valeur de l'indice. Si le CAC 40 est à 5000 points le tracker vaudra 500 € ou 50 €.

Les trackers indiciels offrent la possibilité d'investir

sur toutes les actions d'un indice en achetant qu'un seul titre.

Les ETF sont négociés en Bourse et peuvent donc être achetés et vendus à tout moment.

Grâce à sa gestion passive, les frais sont plus bas que dans le cas d'un fonds géré activement.

Les dividendes sont soit versés aux détenteurs d'ETF, soit réinvestis dans le fonds.

Les ETF sont considérés comme une fortune séparée et demeurent la propriété de l'investisseur en cas d'insolvabilité de l'émetteur.

Lorsque vous achetez des actions soit vous donnez l'ordre d'acheter au prix moins cher ou vous appelez le prix que vous voulez payer le maximum. Lorsque vous vendez soit vous donnez l'ordre de vendre au prix le plus élevé ou vous nommez le cours que vous voulez recevoir au moins.

Il y a deux façons d'acheter des actions. Vous pouvez acheter chaque mois un nombre égal d'actions ou vous pouvez dépenser chaque mois une somme d'argent égale pour l'achat d'actions. Je vous recommande la deuxième option: Si vous dépensez un montant égal sur les actions tous les mois, vous achèterez moins d'actions par mois en cas de hausse des prix mais plus d'actions en cas de baisse des prix. Cela vous donnera un prix d'achat inférieur par rapport à l'achat d'un nombre égal d'actions par mois.

En raison de ses déclarations parfois un peu

mystérieuses, *Warren Buffet* était surnommé 'L'oracle d'Omaha'. Cependant il donne une réponse claire à la question du meilleur moment pour acheter des actions. Selon lui, la plupart des actionnaires font l'erreur d'être trop influencés par la hausse et la baisse du cours boursier.

« Ils se sentent bien quand leurs actions montent et mauvais quand elles tombent. Je me sens bien quand le prix de mes actions baisse, parce que je peux acheter plus d'actions. »

Fortement convaincu que les titres qu'il sélectionne augmenteront à long terme, il profite de la chute des cours pour acheter les actions. Il fixe toujours une limite pour atteindre le prix d'achat moyen le plus bas.

Il est aussi avantageux si vous achetez des actions peu avant la distribution du dividende. La partie du bénéfice qu'une entreprise verse à ses actionnaires s'appelle un 'dividende'. Le calcul du rendement du dividende est très simple:

Dividende : cours de l'action x 100 = rendement du dividende en %.

Le dividende sera distribué le lendemain de l'assemblée générale annuelle. Chaque actionnaire détenant des actions de son porte- feuille le jour de l'assemblée générale reçoit le dividende. Le lendemain du paiement du dividende, le prix de l'action baisse d'un montant égal au dividende.

Je voudrais maintenant vous expliquer les raisons

les plus importantes de l'évolution des cours boursiers. La relation entre l'offre et la demande détermine le prix de l'action. L'augmentation de la demande a un effet positif sur le prix de l'action, tandis que la baisse de la demande a un effet négatif. Ici, le cycle économique joue un rôle majeur. Ce cycle est ondulé en 4 phases:

Dans les phases de reprise conjoncturelle et de boom les investisseurs peuvent dépenser plus d'argent en actions à mesure que leur revenu augmente, alors qu'en période de ralentissement économique et de récession les investisseurs dépensent moins d'argent en actions; les prix des actions sont en baisse.

Une raison importante de la hausse des cours est la chute du prix du pétrole. Les investisseurs peuvent acheter plus d'actions parce qu'ils dépensent moins sur les couts de l'énergie (essence, mazout).

Une cause importante de la chute des cours est une augmentation des intérêts sur les titres à revenu fixe. Dans ce cas, les investisseurs achètent plus de titres à revenu fixe et ont moins d'argent pour acheter des actions.

Vous avez maintenant appris les bases du marché boursier. En plus de ces connaissances de base, vous devez également connaitre les trois meilleures stratégies afin de faire de gros profits sur le marché boursier. Je présenterai ces stratégies dans ma prochaine lettre.

Enfin, je vais vous raconter des anecdotes sur Madame *Pollak de Parnegg*:

Le couple *de Parnegg* dîne dans un restaurant à la périphérie de Vienne et un monsieur assis à la table voisine se présente:

« Madame Baronne, je m'appelle 'Prochaska'. Mon nom signifie 'promenade'. »

Après le dessert, la *baronne de Parnegg* fait un clin d'œil au voisin et dit:

« Venez avec moi au parc. Faisons un petit 'Prochaska' ensemble. »

Un jour, le *baron de Parnegg* a soudainement disparu. Les meilleures idées reviennent à la *baronne de Parnegg* toujours au lit. Alors elle décide de se coucher dans son lit pour se demander où son mari pourrait être. Sous le lit, elle voit une chaussure noire. Comme elle se penche vers le bas, elle voit le visage pâle de son mari mort. Elle sonne à la domestique et dit avec une grande irritation:

« Regarde, Lena, ainsi que nettoies. »

Les trois meilleures stratégies

Chère amie,

lors d'une réunion du carnaval de Mayence, l'artiste de cabaret *Herbert Bonnewitz* a plaisanté:
« Madame, où laissez-vous penser ? »
En ce qui concerne la spéculation boursière, vous ne devriez pas avoir peur de laisser les professionnels du marché boursier penser pour vous. Il vaut mieux que vous fassiez de gros profits avec leur aide que si vous spéculez sur le marché boursier avec moins de succès. Je vais vous présenter les trois meilleures stratégies afin que vous sachiez comment vos futurs bénéfices boursiers se réaliseront. La sélection des titres, en tenant compte des trois meilleures stratégies, implique beaucoup de temps et d'efforts. C'est mieux aux spécialistes des marchés boursiers.
La **stratégie 'valeur'** développée par *Benjamin Graham* est basée sur la considération suivante: Si la valeur boursière d'une entreprise est inférieure à sa valeur réelle, les actions de la société sont achetées à moyen terme, car les investisseurs reconnaissent la sous-évaluation. Le prix des actions augmente. En raison de la sous-évaluation, le risque de perte de prix est faible. Les actions sélectionnées à l'aide de la stratégie de valeur présentent donc une bonne occasion d'investissement et en même temps un

faible risque de baisse des cours.
L'indice MSCI EMU VALUE contient la performance des entreprises européennes sous-évaluées. Cet indice a augmenté de 95 % de 1997 à 2009. La valeur de marché des sociétés sans sous-évaluation n'a augmenté que de 51 %. La différence de 44 % prouve la supériorité de la stratégie 'valeur'.
La détermination de la valeur réelle d'une entreprise nécessite beaucoup de travail et de temps. Un grand nombre d'employés de *Warren Buffet* sont dédiés à cette tache difficile. Je vous recommande donc d'acheter un tracker indiciel (ETF) basé sur la stratégie 'valeur', par exemple:
UBS ETF MSCI EMU VALUE – A EUR DIS, ISIN: LU 0446734369.

La **stratégie de dividendes** développée par *Benjamin Graham* repose sur les considérations suivantes: Le rendement total d'une action se compose du bénéfice sur le cours et du dividende. Les actions qui versent un dividende élevé ont donc également un rendement total élevé. Il y a deux variantes de la stratégie de dividendes:

La stratégie Top 10.
Au début de chaque année, vous achetez les 10 actions d'un indice qui versent le dividende le plus élevé. Ces actions sont conservées dans le dépôt

pendant un an.

La stratégie Top 5.
Parmi les 10 actions ayant le rendement en dividendes le plus élevé, les 5 actions ayant la valeur marchande la plus faible sont sélectionnées. Celles-ci on laisse un an dans le dépôt.

Les actions ayant le dividende le plus élevé de l'indice DOW JONES ont enregistré un rendement annuel moyen de 17 % entre 1976 et 1996. La stratégie Top 5 a généré un rendement de 20 % sur la même période. Les deux stratégies ont dépassé le rendement annuel moyen de toutes les actions américaines, qui était de 11 %.
Les 10 principaux titres de dividendes du DAX ont rapporté un rendement annuel moyen de 15 % de 1974 à 1995. Ce rendement était supérieur de 7 % au rendement annuel moyen de toutes les actions DAX.
La stratégie Top 5 a produit un rendement annuel moyen de 20 % entre 1982 et 1996. Il a dépassé de 8 % la hausse des cours du DAX.
Le soi - disant DIVDAX est un indice des 15 actions DAX avec la plus forte distribution de dividendes. Entre 2000 et 2011 le rendement total du DIVDAX a dépassé de 45 % le rendement total du DAX.
Je vous recommande d'acheter un tracker indiciel

(ETF) basé sur la stratégie de dividendes, par exemple:
ISHARES DIVDAX UCITS ETF - EUR DIS, ISIN: DE 0002635273.

Le principe de la **stratégie 'momentum'** est d'acheter des actions qui ont déjà une tendance haussière. Vous pouvez voir cette tendance à la hausse du fait que le prix des actions a augmenté au-dessus de la moyenne au cours des 6 derniers mois. La stratégie est basée sur la considération suivante: Si le prix d'une action a augmenté audessus de la moyenne dans le passé, alors il est très probable que le prix augmentera dans un proche avenir. Quand une action a augmenté, elle ne va pas ralentir si vite. Cette dynamique d'une action s'appelle *'effet momentum'*.

L'analyste boursier **Robert A. Levy** a développé un moyen simple de trouver les actions avec un développement des prix supérieur à la moyenne:
Pour toutes les actions d'un indice, le prix moyen des 26 dernières semaines est calculé et le prix actuel de l'action est ensuite divisé par le prix moyen calculé. On obtient un nombre supérieur à 1 si le prix actuel est supérieur au tarif moyen ou inférieur à 1 si le prix actuel est inférieur au tarif moyen. Ce nombre est appelé *force relative Levy*.

La stratégie 'momentum' peut être utilisé avec n'importe quel index. Par exemple, vous faites un classement de toutes les actions CAC 40 en fonction de la plus grande *force relative Levy*. Les 10 premières actions sont achetées et conservées dans le dépôt pendant un an.

L'efficacité de cette stratégie 'momentum' a été confirmée par les calculs de *l'université de Mannheim*. Avec la stratégie 'momentum' des rendements supérieurs de 10 % au rendement moyen de l'indice peuvent être atteints. Cette méthode confirme le vieux dicton des courtiers britanniques:

The trend is your friend.

Je vous recommande d'acheter un tracker indiciel basé sur la stratégie 'momentum'.

Enfin, je vais vous raconter une anecdote sur le banquier berlinois *Carl Fürstenberg:*

En raison de la plus haute protection, *Carl Fürstenberg* avait reçu un compartiment dans la voiture - lits de la première classe pour le voyage de Varsovie à Berlin. Quand le train se mettait en marche, monsieur L. se précipitait vers lui, que le banquier avait rencontré peu de temps auparavant lors d'un dîner d'affaires à l'hôtel Adlon:

« Monsieur Fürstenberg, je vois que votre deuxième lit est libre. Je vous paierai tout prix si vous me le laissez. »

À ce moment-là, Fürstenberg se souvint que

monsieur L. avait fait un bruit très fort en mangeant, ce qui provoqua en lui l'association d'un ronflement encore plus fort. Pensif, il regarda monsieur L. et dit:

« Je veux dormir sur la suggestion. »

Lorsque le train s'arrêta à la gare frontalière le matin, il se réveilla en grinçant des roues de freinage. Il a entendu la voix coupante du douanier :

« Station frontière, contrôle des passeports. »

Fatigué et pâle monsieur L. était assis sur sa valise. Fürstenberg a dit:

« Si je vous vois comme ça, je suis désolé après que je ne vous ai pas offert mon deuxième lit. »

« La nuit n'était pas si mauvaise, mais le pire c'est que l'officier des douanes m'a grondé parce qu'hier j'ai oublié de reprendre mon passeport à la réception de l'hôtel. Je ne pouvais persuader ce fonctionnaire obstiné ni par mes demandes ni par une offre de pot - de - vin à des hauteurs vertigineuses pour me laisser entrer en Allemagne. »

À ce moment le fonctionnaire obstiné est sorti d'un compartiment voisin. Le banquier est allé à lui et a dit quelques mots. Puis l'officier est venu à monsieur L. et a tapé son bonnet:

« Vous pouvez entrer en Allemagne. »

Monsieur L. aimerait avoir le banquier au tour du cou. Il est allé à lui et a serré avec reconnaissance sa main.

« Merci beaucoup, monsieur Fürstenberg, mais qu'avez-vous dit à cet entêté fonctionnaire prussien? »

« Je lui ai donné un ordre officiel et il a répondu:
'Bien sûr, si vous me donnez un ordre officiel'.

Les erreurs les plus courantes des actionnaires

Chère amie,

avant de vous lancer dans la spéculation boursière, je dois vous avertir des erreurs les plus courantes commises par les actionnaires.
Je vous ai déjà présenté le filet de sécurité des sept règles. Celles-ci ne sont malheureusement pas suivis par la plupart des actionnaires. Lorsque le marché boursier est en plein essor, les actionnaires ont tendance à garder une trop grande proportion des actions dans leur dépôt. Ils le font soit parce qu'ils ne connaissent pas la formule 'part en % = 100 moins l'âge' ou dans le mépris délibéré de cette formule.
Un piège boursier fréquent: des conseils d'initiés infaillibles. Voici un risque que les actionnaires vendent d'autres actions afin de mettre autant de capital sur la seule carte d'initié infaillible. Si le secret d'initié s'avère être un flop, cela signifie une grande perte pour les investisseurs.
Peu d'actionnaires transforment leurs gains en titres surs. Ils redoutent la réduction des rendements lorsqu'ils transforment leurs gains en actions en titres surs. Ils ne comprennent pas que la réduction des rendements est le prix inévitable pour assurer les gains en actions.
La *stratégie anticyclique* consiste à acheter à des prix

décroissants et à vendre lorsque les prix augmentent. Puisque l'actionnaire suit l'instinct grégaire, il lui est difficile de vendre avec la hausse des prix. Si tout le monde achète, pourquoi devrait-il vendre à contre-courant?

Cependant, il y a un comportement qui est encore plus difficile pour lui: vendre une action si son prix est tombé en dessous du prix d'achat. Ceci est interprété par l'actionnaire dans le sens que l'achat d'action était une erreur. Aucun actionnaire n'aime avouer qu'il a fait une erreur. C'est pourquoi il cherche des arguments pour ne pas vendre les actions, par exemple:

'La Bourse a eu tort et va corriger cette erreur à nouveau.'

En règle générale, ce n'est pas le marché boursier qui s'est trompé mais le spéculateur.

Un autre argument:

'Il s'agit d'une baisse temporaire des cours, qui sera bientôt compensée par une hausse des cours.'

Une baisse du cours de l'action peut parfois conduire à un redressement du cours de l'action, ce qui laisse espérer une égalisation de la perte. Accompagné par de nouveaux espoirs de l'actionnaire pour compenser la perte, le prix de l'action tombe à de nouveaux bas.

Un autre argument:

'Tant que je ne vends pas l'action, la perte n'est pas encore réalisée. Seulement quand je vends l'action, la perte est réalisée.'

Si vous ne vendez pas une action qui tombe en dessous du prix d'achat, vous subirez un double dommage: premièrement la baisse du cours, deuxièmement la perte de profit que vous auriez faite si vous l'avez vendue et transformée en une action profitable. Si une action tombe de 10 - 15 % en dessous du prix d'achat, je vous recommande de vendre l'action. Dans son livre 'L'aventure de l'argent - une vie de boursier' *André Kostolany* décrit à quel point cela est difficile:

> 'Le plus dur est d'accepter une perte en Bourse. C'est une intervention chirurgicale. Vous devez amputer le bras avant que l'empoisonnement s'étende, le plus tôt sera le mieux. C'est difficile et parmi cent personnes il y en a une seule qui est capable de le faire.'

Selon toute probabilité vous n'êtes pas parmi les personnes qui ont le pouvoir d'effectuer une telle amputation. C'est pourquoi je vous recommande de donner à votre banque une *'commande stop / limite'*. Cela signifie, d'une part, que l'action sera automatiquement vendue par la banque si elle est inférieure au prix de vente que vous avez fixé et, d'autre part, que la vente ne sera effectuée que si le prix est supérieur à la limite que vous avez fixée.

Vous pouvez voir combien il est difficile pour l'actionnaire de vendre un titre qui est tombé en dessous du prix d'achat. Cependant, il y a une chose qu'il est encore plus difficile à faire: acheter des actions pendant une chute de la Bourse. Rares sont ceux qui ont le pouvoir d'acheter lorsque l'ensemble du marché boursier est plongé. Encore une fois l'instinct grégaire s'avère être le plus grand obstacle. Si l'on entend l'appel « feu » et voit que tous les actionnaires se précipitent vers la sortie boursière, il faut avoir les nerfs d'un *Warren Buffet* pour rester en Bourse et acheter les actions qui sont vendues par les actionnaires à un prix ridicule.

André Kostolany décrit les hauts et les bas de la Bourse comme suit:

Les professionnels du marché boursier ('mains fortes') achètent leurs actions lors d'un crash boursier à des prix très bas. Le boom boursier qui suit le crash attire de plus en plus d'amateurs ('mains tremblantes') sur le marché boursier. Les professionnels du marché boursier vendent à ces amateurs leurs actions pendant le marché haussier aux prix le plus élevés. Le crash boursier suivant le marché haussier panique les amateurs. Ils vendent leurs stocks, qu'ils ont achetés au plus haut prix auprès des professionnels, mais cette fois à des prix très bas. Après cela le jeu recommence, où les amateurs perdent toujours en payant les gains des professionnels, qui sont toujours les profiteurs.

Enfin, je vous raconte une anecdote sur un homme

qui devait à la panique d'actionnaires son plus grand coup boursier:

Le banquier *Nathan Rothschild* a acheté des prêts de guerre pour financer la lutte de l'Angleterre contre Napoléon. Il était un descendant de cette dynastie légendaire de l'argent qui reçoit le titre honorifique de 'Rois des banquiers' et 'Banquiers des rois'.

Le 18 juin 1815, il y avait à Waterloo la bataille décisive entre les troupes de *Napoléon* et les armées des alliés anglais et prussiens. On croit que le banquier a reçu le message de la victoire des alliés par l'intermédiaire du pigeon voyageur d'un agent belge.

Nathan Rothschild est allé directement à la Bourse et a vendu ses prêts de guerre avec une expression très déprimée. Paniqués, les actionnaires suivirent son exemple et répudièrent leurs prêts de guerre. Leur cours plongea en un rien de temps. Les prêts de guerre ont été achetés par les hommes de paille du banquier à un prix ridicule. Quelques heures plus tard, la nouvelle de la victoire des armées alliées provoqua un tir à la Bourse de Londres. Le plus grand gagnant a été *Nathan Rothschild*. La panique des actionnaires lui avait donné le beau bénéfice d'un million de livres Sterling.

Du même auteur

Costanza Wolfgang Jean — Apprendre l'allemand en 10 jours -
Cours de langue facile avec une nouvelle méthode
© 2017 Wolfgang Jean Costanza
ISBN 9783743195738
Edition :
Books on Demand
Norderstedt, Allemagne

Costanza Jean — Nouveau cours de langue - Apprendre l'italien en 10 jours sans peine
© 2011 Jean Costanza
ISBN 9782810614134
Edition :
Books on Demand
Paris, France

Costanza Jean — L'anglais en 10 jours-
Cours de langue avec une nouvelle méthode
© 2013 Jean Costanza
ISBN 9783732230495
Edition: BOD
Norderstedt, Allemagne

Constance Wolfgang	Englisch-Französisch-Spanisch-Italienisch-Sprachkurs mit der A- und S-Methode © 2016 Wolfgang Constance ISBN 9783741250439 Edition: BOD Norderstedt, Allemagne
Constance Wolfgang	Eine Blutspur durch 3 Jahrtausende - Tatort Europa © 2013 Wolfgang Constance ISBN 9783732241965 Edition: BOD Norderstedt, Allemagne